이야기대화식으로 재미있게 배우는 **아름다운 십대 성경공부**

성령의 사람

301 시리즈 5

이대희 지음 · 바이블미션 편

KB191570

엔 크리스토
ENCHRISTO

아름다운 십대 성경공부 시리즈 교재의 특성

1_ 십대들이 꼭 알아야 할 핵심내용과 성경적인 가치관과 세계관을 정립하는 성경공부입니다.

2_ 귀납적 형태를 띤 이야기대화식으로 탐구능력을 키우고 생각을 점차 열리게 하는 흥미로운 성경공부입니다.

3_ 자유로운 토의와 열린 대화를 활발하게 하는 소그룹에 적합한 성경공부입니다.

4_ 영적 사고력과 해석력과 분별력을 키우면서 스스로 적용능력을 점차 극대화시켜주는 성경공부입니다.

5_ 본문 중심 성경공부로 성경 이야기 속으로 빠져 들어 말씀의 성육신을 경험하는 성경공부입니다.

6_ 흥미와 재미를 갖도록 주제가 구성되어 있고 모두가 쉽게 참여하면서 영적 깊이와 변화를 체험하게 하는 전인적인 성경공부입니다.

7_ 성경공부를 통하여 자연스럽게 학과공부와 전인교육에 필요한 논술력, 사고력, 상상력, 창의력, 응용력을 함께 개발시키는 성경공부입니다.

8_ 분반공부와 제자훈련의 시간(30분, 1시간, 1시간 30분)을 탄력적으로 상황에 따라 운영하며 사용할 수 있는 성경공부입니다.

9_ 15년 동안 준비하고 실험한 성경공부 사역 전문가에 의하여 검증된 효과적인 공부 방법과 총체적이며 전인적인 교과과정이 체계적으로 구성된 신뢰할 만한 성경공부입니다.

아름다운 십대 성경공부 시리즈 전체 양육과정표

십대는 인생의 미래를 결정하는 가장 중요한 시기입니다. 믿음의 기초와 바른 가치관과 기독교적 세계관이 형성되는 인생의 주춧돌을 쌓는 시기입니다.

'아름다운 십대 성경공부 시리즈'는 1년 단위로 3년 동안 중·고등부가 함께 사용할 수 있게 구성되었습니다. 기본적인 양육과정의 틀은 십대자아, 신앙세움, 십대생활, 십대문화, 성경인물입니다. 십대에 맞는 5개의 핵심주제를 균형있게 설정하여 3년 동안 주제를 점차 심화하고 확장하면서 전인적이고 통전적인 신앙인으로 자라가도록 구성하였습니다. 전체적인 양육 커리큘럼을 그리면 다음과 같습니다.

양육주제	101시리즈	201시리즈	301시리즈
십대자아	자기 정체성	가치관	비전과 진로
신앙세움	복음 만남	믿음뼈대	신앙원리
십대생활	신앙생활	십대생활	생활열매
십대문화	멋진 사춘기	유혹탈출	인생수업
성경인물	예수의 사람	하나님의 사람	성령의 사람

● 각 권은 10과–12과로 구성되어 있으며 3년 과정으로 중·고등부가 학년에 상관 없이 모두 사용할 수 있습니다. 과정을 계속하여 사용하기를 원하시면 중·고등부와 청장년이 함께 사용할 수 있는 '투데이 성경공부 시리즈'(이대희 저, 엔크리스토)에서 필요한 주제를 선택하여 교과과정을 자체적으로 구성하여 사용할 수 있습니다.

● 교재 사용중 의문 사항은 ckr9191@hanmail.net로 메일을 보내시거나 바이블미션(031-702-9078, 016-731-9078, www.bible91.org)에 문의하시면 친절히 답변해드리겠습니다.

● 지도자 훈련 세미나 : 지도자와 교사를 위한 훈련 세미나. 내용은 홈페이지 참조.

위대한 하나님의 꿈을 꾸는 아름다운 십대여!

십대는 꿈을 꾸는 시기입니다. 얼마나 바른 꿈을 꾸며 그것을 위해 노력하고 훈련하는가에 따라 미래가 결정됩니다. 특히 이때 하나님께서 주신 뜻을 찾기 위해 성경공부를 하는 것은 정말 소중한 일입니다. 십대는 인생의 방향을 결정하는 중요한 시기이므로 이 시기를 특별하게 생각하고 고귀하게 보내야 합니다.

그러나 교회학교 교육은 이런 소중한 시간에 우리의 십대들이 말씀에 재미를 느끼고 인생을 계획하는 데 구체적인 지침을 마련해주지 못해 너무나 안타깝습니다. 십대 때 꿈을 발견하고 가꾸지 못하면 나중에는 갈팡지팡하며 방향을 잃고 방황하게 됩니다. 그러므로 이 시점에서 '아름다운 십대 성경공부 시리즈'는 꼭 필요하다고 생각합니다.

아름다운 꿈은 거저 얻을 수 없습니다. 남이 가르쳐주거나 사회가 알려주는 것도 아니고 학교에서 배우는 것도 아닙니다. 꿈은 오직 하나님만 가르쳐주실 수 있습니다. 우리가 꾸는 꿈은 전적으로 하나님의 꿈이어야 합니다. 하나님께서 보시기에 아름다운 것이어야 합니다. 그러려면 우리는 당연히 성경으로 돌아와서 나에게 향하신 하나님의 꿈을 발견해야 합니다. 말씀 안에서 인생관과 세계관을 설정하고 그것을 위해서 부단히 땀을 흘려야 합니다. 모쪼록 이런 귀중한 일에 이 성경공부 교재가 쓰이길 바랍니다. 알고보면 이것처럼 신나고 보람된 일은 없습니다. 이 교재를 통해 놀라운 하나님의 음성을 듣고 하나님께서 원하시는 아름다운 인생의 꿈을 발견하기를 간절히 바랍니다.

하나님의 위대한 인물을 꿈꾸며 나가는 훌륭하고 아름다운 십대들을 위해 수고하시는 교역자와 교사들과 이 교재를 사용하는 모든 교회 현장과 삶의 자리에 하나님의 큰 도우심이 있기를 기도합니다. 이 교재를 위해서 수고한 많은 사랑하는 동역자들에게 감사드립니다.

오직 주님께 영광을……

이대희

들어 가면서

세상의 역사는 사람에 의해서 이루어졌습니다. 물질이 아닌 한 사람에 의해서
입니다. 모든 변화의 핵심은 사람에 있습니다. 한 사람이 어떻게 변화되는가
에 따라 가정과 국가와 교회와 인류가 달라집니다. 그런데 사람이 변화되기는
쉽지 않습니다. 죄악으로 물든 인간은 변화하기보다는 오히려 퇴보하고 죄를
짓는 방향으로 가고 있습니다. 새로운 사람이 되기 위해서는 성령을 받고 성
령의 충만함을 입어야 합니다. 누구든지 성령을 받으면 성령의 사람이 되고
성령의 사람은 하나님의 뜻에 맞는 삶을 살게 됩니다.

'하나님의 사람', '예수의 사람'과 연관하여 '성령의 사람'에 대한 과정은 성
령에 이끌린 사람의 모습을 보여주고 있습니다. 우리는 성경을 통해 성령의
사람들이 어떻게 삶을 역동적으로 변화시키면서 하나님의 나라를 건설해 나
갔는지를 배우게 될 것입니다. 성령의 능력으로 전혀 다른 역사를 이루어 가
는 인물들을 대하면서 오늘 십대들이 살아가야 할 이정표를 발견하는 시간이
되어야 합니다.

오늘도 이 땅의 역사는 성령의 능력으로 움직이고 있고 성령에 사로잡힌 사람
에 의하여 변화되고 있습니다. 나의 생각이 아닌 성령의 생각을 품고 진리의
영으로 가득찬 십대가 이 땅에 많이 있게 되길 기도합니다.

성령의
사람　**차 례**

죽음의 순간에도 악기를 연주하라

영화 《타이타닉》에서 좀처럼 잊히지 않는 기억나는 장면이 하나 있습니다.
그것은 거대한 타이타닉 배가 마지막 순간 물속에 서서히 잠길 때
선상에서 악기를 연주하는 사람들의 모습입니다.
남아 있는 구명정에 사람들을 다 보내고 죽음을 그대로 맞이하는 사람들,
물속에 잠기면서도 악기를 태연하게 연주하는 연주자들의 모습은
성스럽기까지 합니다.
끝까지 자기 일에 충실하며 그 음악으로 다른 사람에게 도움을 주는 모습은
바로 우리가 살고픈 모습이기도 합니다.
그런데 더욱 마음을 울리는 것은 그들이 연주하는 곡이
비탄에 처한 음악이 아닌 하늘을 소망하는 찬송가였다는 점입니다.

한나  01

이르되 당신의 여종이 당신께 은혜 입기를 원하나이다
하고 가서 먹고 얼굴에 다시는 근심빛이 없더라

— 사무엘상 1:18

마음을 여는 &대화

● 현재 하나님이 나에게 '간절한 소원 세 가지'를 말해 보라면 무엇을 말하겠습니까?

1)
_____

2)
_____

3)
_____

● 내 소원 중에서 내 힘으로 이루기 힘들다고 생각되는 것은 무엇입니까?
_____
_____

● 하나님의 생각과 연관하여 볼 때 내가 말한 세 가지 중에서 하나님이 가장 좋아하시는 소원은 무엇이라고 생각합니까?
_____
_____

● 기도해서 간절한 소원을 응답 받은 적이 있으면 말해 보십시오.
_____
_____

말씀 이야기 나누기

사무엘상 1:1-20을 읽고 서로 이야기를 나누어 보십시오.

1 다음의 가계를 완성해 보십시오.(1-2)

증조할아버지 : 엘리후

할아버지 : 여로함

아버지 : (   )

두 아내 : (   ) (   )

2 엘가나는 매년 실로에서 무엇을 했습니까?(3)

_____

_____

_____

_____

3 한나는 자식이 없어 누구에게 어떤 모욕을 받았습니까?(5-8)

_____

_____

_____

_____

④ 한나는 마음이 괴로울 때 무엇을 했습니까? 그녀가 서원한 기도의 내용은 무엇입니까?(10-11)

_____

_____

_____

_____

⑤ 한나의 기도 생활은 어떠했는지 정리해 보십시오.(12-18)

_____

_____

_____

_____

⑥ 한나가 잉태하여 아들 사무엘을 낳았는데 그 이름의 뜻은 무엇입니까? 그리고 어떻게 하여 아들을 낳았는지 그 과정을 말해 보십시오.(15-20)

_____

_____

_____

_____

이르되 당신의 여종이 당신께 은혜 입기를 원하나이다 하고 가서 먹고
얼굴에 다시는 근심빛이 없더라

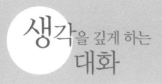
생각을 깊게 하는
대화

1_ 한나의 기도를 통해 발견할 수 있는 우리의 기도 지침을 말해 보십시오.

_____

_____

_____

_____

2_ 한나의 불임—근심과 고통—기도—은혜—출생의 과정을 통해 우리는 무엇을 배울 수 있습니까?(참고, 삼상 1:27; 마 7:7-11)

_____

_____

_____

_____

3_ 한나의 기도를 통하여 발견되는 하나님의 성품을 말해 보십시오.

_____

_____

_____

_____

생활 속에서 실천하기

1_ 현재 기도하고 있는 기도 제목들을 적어 보십시오.

_____

_____

_____

_____

2_ 현재 내가 당면해 있는 긴박한 문제, 고통스러울 만큼 간절히 소원하는 내용이 있으면 적어보고 그것을 위한 해결방안을 말해 보십시오.

_____

_____

_____

_____

3_ 한나에게 도전받는 위대한 점은 무엇입니까?

_____

_____

_____

하나님의 뜻을 이루는 기도

아들을 낳지 못하는 한나의 고통은 이루 말할 수 없었습니다. 그러나 하나님의 뜻을 품고 아들을 주시면 하나님께 드리겠다는 서원기도를 하면서 결국은 하나님의 응답을 받아냈습니다. 그렇게 해서 얻은 아들 사무엘은 이스라엘을 훌륭하게 통치하는 지도자가 되었습니다. 기도로 얻은 아들이기에 기도로 모든 일을 수행했습니다. 기도를 쉬지 않은 사람 사무엘은 사울과 다윗에게 기름을 부어 그들을 이스라엘 왕으로 세우는 데 기여합니다. 결국 아들을 위한 한나의 기도대로 사무엘은 하나님의 뜻을 이루는 일을 했습니다. 하나님의 은혜를 간절히 구하면서 하나님의 응답을 체험한 한나처럼 우리들도 어떤 어려움이 닥쳐도 하나님께 간절히 구하면서 응답의 축복을 받아야 합니다.

인생을 살다 보면 어려운 일이 많이 있습니다. 남이 알지 못하는 고통 속에서 눈물을 흘릴 때가 있습니다. 누구도 도움을 줄 수 없고 자기 힘으로도 할 수 없는 상황에서 우리는 기도를 통하여 문제를 해결하는 법을 체득해야 합니다. 하나님은 하나님의 일을 위해 기도하는 것은 들어 주십니다. 우리가 믿는 하나님은 좋으신 분입니다. 좋은 뜻을 가지고 간절히 기도하면 틀림없이 응답해 주십니다. 십대여, 인생의 어려운 일을 만날 때마다, 불가능하다고 여기는 상황에서도 낙심치 말고 기도로 하나님께 아뢰는 믿음을 가져야 합니다. 그러면 한나에게 응답했던 축복이 우리들의 삶속에서도 나타날 것입니다. 기억하세요. 우리가 믿는 하나님은 능치 못함이 없는 놀라운 분이십니다.

● 잠깐 쉼터

그 돈이라는 것이

어떤 지독한 부자가 있었습니다. 그는 갖은 방법으로 돈을 긁어 창고를 가득 채웠습니다. 이것을 보던 마을 사람들이 모여서 회의를 했습니다.
그들은 누구든지 이 지독한 부자에게 빵 한 개, 사과 한 개, 기름 한 병이라도 팔지 않기로 결정했습니다. 그 부자는 많은 돈을 창고에 쌓아 두었지만 어느 것 하나 살 수 없었습니다.
결국 그가 가진 돈은 휴지와 같은 것이었습니다.

엘리사  02

엘리사가 내려서 집 안에서 한 번 이리 저리 다니고
다시 아이 위에 올라 엎드리니 아이가 일곱 번 재채기
하고 눈을 뜨는지라

— 열왕기하 4:35

마음을 여는 & 대화

성경에 나오는 기적들을 아는 대로 말해 보십시오. 그리고 그 기적에 대한 나의 생각을 말해 보십시오. 혹시 성경의 기적 중에서 잘 믿어지지 않는 기적이 있다면 왜 그런지 이유를 말해 보십시오.

● 성경의 기적들

_____

_____

_____

● 기적에 대한 나의 생각

_____

_____

_____

● 잘 믿어지지 않는 기적은?

_____

_____

_____

● 그 이유는?

_____

_____

_____

열왕기하 4:32-41을 읽고 서로 이야기를 나누어 보십시오.

1 엘리사가 수넴 여인의 죽은 아이를 어떻게 살렸습니까?(32-37)

_____

_____

_____

_____

2 엘리사가 자기 사환에게 선지자 생도들을 위하여 국을 끓이라 명했
는데 어떤 문제가 생겼습니까?(38-39)

_____

_____

_____

_____

3 사람들이 독이 든 국을 먹지 못하자 엘리사는 어떻게 문제를 해결했
습니까?(40-41)

_____

_____

_____

④ 보리떡 이십 개와 자루에 담은 채소를 가지고 엘리사는 몇 명을 먹였습니까?(42)

_____

_____

_____

⑤ 무리를 먹게 하면서 엘리사에게 주신 하나님의 말씀은 무엇이며 그것의 결과는 어떻습니까?(43-44)

_____

_____

_____

_____

엘리사가 내려서 집 안에서 한 번 이리 저리 다니고 다시 아이 위에 올라 엎드리
아이가 일곱 번 재채기 하고 눈을 뜨는지라

생각을 깊게 하는 대화

1_ 엘리사는 기적의 선지자였습니다. 이것 외에도 많은 기적들을 행했습니다. 엘리사의 기적은 어떻게 이루어진 것입니까? 하나님이 이런 기적을 베푸시는 이유는 무엇입니까?(참고, 왕하 2:9)

_____

_____

_____

2_ 엘리사는 죽어서도 기적의 능력을 행했습니다. 엘리사의 묘실에 시체를 던지자 살아났습니다. 이것이 주는 의미는 무엇입니까?(참고, 왕하 13:20-21; 약 5:17-18)

_____

_____

_____

생활 속에서 실천하기

1_ 나는 어떻게 하면 하나님의 능력을 받을 수 있고 그런 기적을 행할 수 있습니까?

_____

_____

_____

_____

2_ 우리 주위에 하나님의 은혜로 나타나는 기적의 일들을 찾아보고 그것에 대한 나의 신앙적 생각을 말해 보십시오.

_____

_____

_____

_____

3_ 하나님께서 나에게 특별히 주신 기적의 체험이 있으면 말해 보십시오.

_____

_____

_____

기적의 주인공

기적은 사람이 할 수 없는 일을 하나님이 행하는 것을 의미합니다. 사람들은 자기 힘으로 할 수 없을 때 하나님을 의지합니다. 불가항력적인 일이 일어났을 때 하나님의 기적을 구합니다. 인간은 한편으로 강한 것 같지만 또 한편으로는 아주 연약합니다. 그래서 인간은 하나님을 의지하면서 살아갈 수밖에 없습니다. 하나님은 인간이 할 수 없는 기적을 일으키면서 하나님을 의지하게 만드십니다. 기적은 인간에게 도움을 주기 위해서라기보다는 하나님을 믿게 하기 위해서 일어납니다. 사람을 겸손하게 만들고 하나님께 가까이 나가게 하기 위해서입니다.

하나님의 사람은 하나님의 힘을 의지하여 기적을 일으키는 사람입니다. 사람의 힘으로는 할 수 없지만 하나님이 함께하시면 우리도 하나님이 행하시는 그런 기적을 행할 수 있습니다. 하나님의 사람 엘리사가 대표적인 예입니다. 선지자 중에 특별히 엘리사는 많은 기적을 베풀었습니다. 나아만의 문둥병을 고치고, 어느 선지자의 아내에게 기름을 공급해주고 일사병으로 죽게 된 아이를 살리며 심지어 죽은 이후에도 기적을 행했습니다. 이렇듯 그의 사역은 한마디로 기적의 삶이라 할 수 있습니다. 제자들과 선지자들도 엘리사처럼 기적을 베풀었습니다. 오늘날 우리들에게도 이런 기적은 일어납니다. 하나님을 드러내기 위해서 종종 연약한 자를 사용하여 하나님의 기적을 일으키십니다. 십대들이여! 우리도 하나님을 믿으면 하나님이 베푸시는 기적의 주인공이 될 수 있습니다. 하나님이 하시는 큰일을 우리도 행할 수 있습니다. 생각하면 얼마나 감사합니까?

영웅의 조건

영웅이라는 말을 다시 한 번 생각한 기회가 있었습니다. 그것은 토마스 칼라일의 유명한 책인《영웅의 역사》를 읽고 부터입니다. 그는 영웅에 대해서 이렇게 말합니다. "영웅이란 사물의 내적인 세계, 즉 진실하고 신성하고 영원한 것 속에 사는 사람입니다. 그 세계는 항상 덧없고 사소한 것으로 뒤덮여 있어서 대부분의 사람에게는 보이지 않습니다. 그의 존재는 그 세계에 있으며 그는 말이나 행동을 통해 자기 자신을 세상에 구현하고 자신이 살고 있는 그 세계를 세상에 널리 선포합니다.

유약한 많은 사람은 그 사실을 모를 뿐만 아니라 대부분의 경우 그 사실에 대해 충실하지 않습니다. 다만 소수의 강한 사람들만이 강하고 영웅적이며 영원한 생명을 가지고 있습니다. 왜냐하면 그 사실이 그들에게는 감추어질 수 없기 때문입니다."

에스겔 03

이에 내가 그 명령을 따라 **대언**하니 대언할 때에
소리가 나고 **움직**이며 이 뼈, 저 뼈가 들어 맞아 뼈들이
서로 **연결**되더라

— 에스겔 37:7

마음을 여는 & 대화

다음 질문에 대해서 말해 보십시오.

● 죽음이란 무엇입니까?

● 왜 죽음이 일어납니까?

● 왜 멸망과 고난이 인간에게 일어납니까?

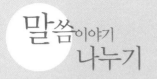

말씀이야기 나누기

에스겔 37:1-10을 읽고 서로 이야기를 나누어 보십시오.

1 에스겔에 대해서 간단히 소개해 보십시오.(1-4)

 ● 아버지 이름

 _____

 ● 계시 받은 곳과 계시 상태

 _____

 ● 에스겔의 직업

 _____

2 바벨론의 포로인 에스겔은 골짜기에 어떻게 인도함을 받았습니까?(1)

 _____

 _____

 _____

 _____

3 골짜기에 가득 찬 것은 무엇입니까?(1-2)

 _____

 _____

 _____

 _____

4 하나님이 에스겔에게 뼈들에 대해 대언하라고 한 내용은 무엇입니까?(3-6)

_____

_____

_____

_____

5 에스겔이 하나님의 명령에 순종했을 때 어떤 일이 일어났습니까?(7-10)

_____

_____

_____

_____

이에 내가 그 명령을 따라 대언하니 대언할 때에 소리가 나고 움직이며
이 뼈, 저 뼈가 들어 맞아 뼈들이 서로 연결되더라

생각을 깊게 하는 대화

1_ 본문에 나오는 뼈들은 누구를 가리키고 있습니까? 왜 이스라엘 백성을 뼈로 비유했는지 그 이유를 말해 보십시오.(참고, 겔 37:14)

_____

_____

_____

_____

2_ "이 뼈들이 능히 살 수 있겠느냐?" 는 질문에 "여호와여 주께서 아시나이다"라고 에스겔이 대답했습니다. 이 말의 뜻을 정리해 보십시오.

_____

_____

_____

_____

3_ "큰 군대"(10절) "생기"(9절) 는 구체적으로 무엇을 의미하는지 말해 보십시오. 에스겔을 통해 살아나는 뼈에 대한 일들은 이스라엘에게 무엇을 말하고자 하는 것인지 말해 보십시오.

_____

_____

_____

_____

생활 속에서 실천하기

1_ 본문에서 발견되는 하나님의 모습은 무엇입니까?

_____

_____

_____

2_ 불합리한 일처럼 보이는 일에 대해 에스겔은 무조건 하나님의 말씀에 순종한 것을 알 수 있습니다. 이것이 나에게 주는 도전을 말해 보십시오.

_____

_____

_____

3_ 성령의 역사가 없으면 새 생명의 역사도 일어나지 않고 마른 뼈와 같습니다. 이런 차원에서 우리나라와 교회와 나의 모습을 진단해보고 구체적인 해결책을 말해 보십시오.

_____

_____

_____

함께 읽으면서
decide together
결단하기

말씀의 힘

이 세상의 역사를 보면 모든 것이 말씀으로 이루어졌음을 알 수 있습니다. 하나님의 말씀의 위력은 대단합니다. "빛이 있으라" 말씀하시니 빛이 있었습니다. 세상은 하나님의 말씀으로 창조되었습니다. 이렇게 보면 세상은 한마디로 말씀입니다. 우리는 그런 세상을 보면서 하나님 말씀의 위대성을 깨달아야 합니다. 오늘날 하나님이 우리에게 한 말씀만 하면 우리에게도 엄청난 일이 일어납니다. 이것이 말씀의 위력입니다. 하루하루 그냥 살아가는 것 같지만 알고 보면 하나님 말씀의 프로그램에 따라 움직이는 것입니다. 모든 것은 말씀을 이루기 위해 존재합니다. 그래서 예수님이 이 세상에 온 것은 말씀을 응하기 위해서라고 말씀하셨습니다. 말씀에 따라 죽고 말씀에 따라 삽니다. 말씀을 하면 죽은 뼈들이 살아납니다. 이런 환상을 에스겔에게 보여준 것은 이스라엘이 다시 회복된다는 것을 보여주기 위함입니다. 하나님은 예레미야를 통하여 70년이 지나면 이스라엘이 바벨론의 포로에서 해방된다고 말씀합니다. 사실 믿기 어려운 이야기일 수 있습니다. 그러나 사실입니다. 이스라엘이 힘든 포로시간을 이런 약속의 말씀을 믿고 살아가면 이길 수 있습니다. 아무도 그들을 위로해주고 미래를 보장해주지 못합니다. 애굽과 다른 나라들이 바벨론에서 이스라엘을 구해주지 않습니다. 그럼에도 이스라엘은 자꾸 다른 나라와 사람을 의지하며 도움을 구하였습니다. 왜 그렇습니까? 이스라엘이 하나님의 말씀을 떠났기 때문입니다. 지금이라도 이스라엘이 하나님의 약속을 믿고 살아가면 새로워질 수 있습니다.

오늘 우리는 무엇을 믿고 살아갑니까? 나를 새롭게 하고 영원히 살리는 말씀을 나는 얼마나 신뢰하고 따르고 있습니까? 그 위력을 얼마나 알고 있습니까?

손 들어 보시오

개구쟁이 세 소년이 수박을 훔친 죄로 법정에 서게 되었습니다.

세 소년은 숨을 죽이며 법대로 판결이 내려질 거라는 생각에 불안해하면서 기다리고 있었습니다. 그 사건을 맡은 판사가 엄격하기로 소문난 사람이었기 때문입니다. 판사가 입을 열었습니다.

"여기 있는 사람 가운데 어릴 때 수박 한 통 훔쳐본 적 없는 사람 있으면 손들어 보시오."

그러자 장내는 조용했습니다. 법정관리, 경찰, 방청객, 고소인 그리고 판사 자신에 이르기까지 아무도 손을 들지 않았습니다.

판사가 망치를 땅 땅 땅 때리면서 말했습니다.

"무죄"

마리아 04

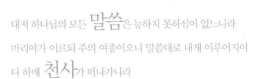

대저 하나님의 모든 **말씀**은 능하지 못하심이 없느니라

마리아가 이르되 주의 여종이오니 말씀대로 내게 이루어지이

다 하매 **천사**가 떠나가니라

— 누가복음 1:37-38

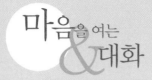

마음을 여는 &대화

천주교에서는 마리아를 성모라고 하면서 높은 위치에 올려놓고 숭배합니다. 성모의 동상을 만들어 그 앞에서 기도하며 절을 하기도 합니다.

● 이것에 대한 나의 의견은?

_____

_____

_____

_____

● 이것의 문제점은 무엇입니까?

_____

_____

_____

말씀이야기 나누기

누가복음 1:26-38을 읽고 서로 이야기를 나누어 보십시오.

➊ 갈릴리 나사렛에 요셉과 정혼한 처녀 마리아에게 가브리엘 천사가 나타났습니다. 천사가 한 말은 무엇입니까?(26-28)

_____

_____

_____

_____

➋ 천사의 말을 듣고 놀라는 마리아에게 천사가 두 번째로 나타나서 한 말은 무엇입니까?(29-33)

_____

_____

_____

_____

➌ 마리아가 남자를 알지 못하는데 어떻게 아들을 잉태할 수 있느냐고 질문하자 천사는 무엇이라 대답했습니까?(34-37)

_____

_____

_____

④ 천사는 인간의 힘으로는 불가능한 일이지만 무엇을 예로 들면서 믿음을 가지라고 말합니까?(36)

_____

_____

_____

_____

⑤ 마리아는 천사의 말을 듣고 어떻게 고백했습니까?(38)

_____

_____

_____

_____

대저 하나님의 모든 말씀은 능하지 못하심이 없느니라 마리아가

이르되 주의 여종이오니 말씀대로 내게 이루어지이다 하매 천사가 떠나가니라

생각을 깊게 하는 대화

1_ 마리아에게 예수님이 잉태한 사건은 세상에 오직 한 번 일어난 특별한 일입니다. 어떻게 이런 일이 일어날 수 있습니까? 예수님의 성육신 사건을 믿음으로 정리해 보십시오.

_____

_____

_____

2_ "하나님의 말씀은 능치 못함이 없다"는 말의 의미를 말해 보십시오. 마리아가 그 말씀이 자기에게 이루어질 줄을 믿는다고 고백한 것은 대단한 일입니다. 어떻게 마리아에게 이런 믿음이 생길 수 있었는지 말해 보십시오.

_____

_____

_____

3_ 하나님이 하시는 일은 인간의 생각과 이성과 과학을 초월합니다. 사람들이 예수님의 성육신을 잘 믿지 못하는 이유는 무엇이라고 봅니까? 어떤 사람이 하나님의 일을 잘 믿습니까?

_____

_____

생활 속에서 실천하기

1_ 나에게 마리아와 같은 일이 일어났다고 생각하고 나의 느낌을 말해 보십시오.

_____

_____

_____

2_ 말씀으로 천지를 창조하신 히니님은 못할 일이 없습니다. 나는 어떤 신앙을 가지고 있습니까? 눈에 보이는 기적을 더 추구합니까, 눈에 보이지 않는 말씀의 위대한 능력을 믿는 신앙입니까?

_____

_____

_____

3_ 예수님의 성육신 사건을 통하여 바람직한 나의 신앙생활의 모습을 말해 보십시오.

_____

_____

_____

하나님이 인간이 되다니?

인류 최대의 사건은 하나님이 인간이 되신 일입니다. 이것은 마리아를 통하여 예수님이 이 세상에 오신 것을 의미합니다. 사실 인간의 생각으로는 이해할 수 없는 일입니다. 왜냐하면 이런 일은 전에도 없었고 이후에도 일어날 수 없는 일이기 때문입니다. 오직 유일하게 한 번 일어난 일입니다. 성령으로 잉태한 예수님은 아버지 없이 어머니를 통해서만 태어난 유일한 사람입니다. 그래서 예수님은 보통 인간과는 다릅니다. 이미 출생 때부터 인간의 출생과는 차원이 달랐습니다. 성령으로 잉태했다는 것은 곧 인간이 아닌 하나님이심을 의미합니다. 또 평범한 사람인 마리아 몸을 입고 태어난 것은 완전한 인간이라는 것을 의미합니다. 그래서 예수님에게는 우리와 다른 두 부분이 있습니다. 참 신이면서 참 인간의 본성을 가진 것이 그것입니다. 왜 이렇게 하셔야만 했을까요? 이런 방법으로 꼭 태어나야만 하는 이유는 무엇인가요? 그것은 인류를 구원하기 위함입니다. 죄 때문에 멸망할 인간을 구원할 수 있는 유일한 길은 인간으로 태어나면서도 죄가 없어야 하는 것입니다. 그렇게 하자면 일반적인 남녀결혼으로 태어날 수 없습니다. 만약 그렇게 태어나면 아담의 원죄를 가지고 태어나기에 예수님도 죄인이 되고 우리의 구원자가 될 수 없습니다. 이것을 만족시키기 위해서 하나님이 인간의 몸을 입고 세상에 오셨습니다. 결국 이 세상에 구원자는 예수님밖에 없습니다. 우리는 인간의 몸을 입고 태어난 예수님의 모습을 통하여 하나님이 얼마나 우리를 사랑하시는지 알 수 있습니다.

누구도 천재가 된다

아인슈타인은 학교에 다닐 때 아주 말썽꾸러기였습니다.
학교에서도 엉뚱한 질문을 하는 통에 선생님이 아주 애를 먹었습니다.
"더 이상 수업에 들어오지 않았으면 좋겠습니다."
아버지도 늘 걱정을 했습니다.
"저 녀석은 왜 저러는지 모르겠다."
그러나 어머니는 아인슈타인을 다른 아이들과 비교하지 않았습니다.
그리고 그를 위해서 기도했습니다. 결국 그 힘에 덧입어 아인슈타인은 세계적인
물리학자가 되었습니다.

사람에게는 각자에게 주어진 재능이 있습니다.
자기가 가진 것을 찾아 그것을 개발시키면 누구나 천재가 될 수 있고
위대한 사람이 될 수 있습니다.
중요한 것은 그것을 누가 인정하며 격려해 주느냐입니다.

세례 요한 05

나는 너희에게 물로 세례를 베풀었거니와 그는 너희에게
성령으로 세례를 베푸시리라

— 마가복음 1:8

마음을 여는 & 대화

자녀를 위해 희생하는 부모의 심정은 어떤지 말해 보십시오.

● 자녀에 대한 소원은?

_____

_____

_____

_____

● 부모님이 나의 모습을 볼 때 가장 슬플 것 같다고 생각되는 것은?

_____

_____

_____

_____

● 부모님이 나의 모습을 볼 때 가장 기쁠 것 같다고 생각되는 것은?

_____

_____

_____

_____

말씀이야기 나누기

마가복음 1:1-11을 읽고 서로 이야기를 나누어 보십시오.

① 복음의 시작은 세례 요한으로부터 소개되고 있습니다. 이미 세례 요한의 이야기는 구약 선지자를 통해 예언된 것입니다. 그 내용은 무엇입니까?(1-3)

_____

_____

_____

_____

② 세례 요한이 예수님보다 6개월 먼저 와서 한 사역은 무엇입니까?(4-5)

_____

_____

_____

_____

③ 세례 요한의 광야 생활의 모습과 그의 겸손함을 말해 보십시오.(6-7)

_____

_____

_____

_____

④ 세례 요한과 예수님 사역의 같은 점과 다른 점을 말해 보십시오.(8)

_____

_____

_____

_____

⑤ 예수님이 세례 요한에게 세례를 받으신 후에 일어난 사건의 모습을
말해 보십시오.(9-11)

_____

_____

_____

_____

나는 너희에게 물로 세례를 베풀었거니와

그는 너희에게 성령으로 세례를 베푸시리라

생각을 깊게 하는 대화

1_ 세례 요한은 예수님을 드러내기 위한 준비사역의 소명을 받았습니다. 그는 철저히 낮아짐으로 예수님을 높였습니다. 유대와 예루살렘의 사람들이 요한에게 세례를 받으면서 그의 인기가 높아졌습니다. 그럼에도 예수님의 신발끈을 푸는 일도 감당하기 어렵다고 말하면서 철저히 주님을 높였습니다. 세례 요한에게 이런 겸손함이 있을 수 있었던 이유는 무엇입니까?(참고, 요 3:30)

_____

_____

_____

2_ 세례는 옛사람이 완전히 죽고 새롭게 중생하는 것을 의미합니다. 세례 요한의 세례는 회개의 세례입니다. 회개의 세례란 무엇을 의미합니까?

_____

_____

_____

3_ 예수님이 세례 요한에게 세례를 받으시는 모습을 통해서 깨닫는 영적 교훈은 무엇입니까?(참고, 마 3:13-15)

_____

_____

_____

생활 속에서 실천하기

1_ 나는 세례 요한처럼 주님만을 높이고 복음사역을 준비하는 사람으로서 살고 있습니까? 그렇지 못하다면 왜 그런지 그 이유를 말해 보십시오.

_____

_____

_____

2_ 혹시 주님을 이용하여 나의 유익을 구하려는 적은 없었는지 적어보고 회개의 시간을 가지십시오.

_____

_____

_____

3_ 세례 요한과 예수님처럼 겸손한 사람이 되기 위해서 내가 먼저 해결해야 할 점은 무엇입니까?

_____

_____

_____

오직 주님을 위해서 태어난 사람

세례 요한은 예수님보다 6개월 먼저 세상에 나왔습니다. 그리고 옥에 갇혀 고난을 당하다 복음을 전한 이유로 목이 잘리는 순교의 삶을 살았습니다. 이 세상에서 영광 한번 보지 못하고 짧은 생애를 살았으며 죽을 때도 목이 잘려 비참하게 죽었습니다. 그럼에도 예수님은 세례 요한을 여자가 낳은 사람들 중에 가장 크다고 칭찬했습니다. 그는 거의 대부분의 생애를 빈들 광야에서 지냈습니다. 그리고 주님이 오시는 길을 준비했습니다. 세례 요한은 구약의 선지자들이 늘 외쳤던 회개를 촉구하는 사명을 다했습니다. 복음을 믿게 하기 위한 준비로 회개는 필수적이었습니다. 세례 요한은 오직 주님만을 위해 산 사람입니다. 그의 말대로 그는 흥해야 하겠고 나는 쇠해야 하리라는 모토로 살았습니다.

세례 요한처럼 나는 쇠하고 주님은 흥해야 하는 자세로 산다면 이처럼 아름다운 삶이 없을 것입니다. 오늘도 주님은 나를 통하여 영광 받으시기 원합니다. 그 방법은 하나입니다. 주를 위해 죽고 주를 위해 내가 실패하는 일입니다. 나도 성공하고 주님도 성공하는 것은 없습니다. 내가 죽어야 주님이 삽니다. 내가 주님을 위해 희생해야 주님이 나를 통하여 영광을 받습니다. 우리는 먹든지 마시든지 하나님의 영광을 위하여 사는 사람들입니다. 이것은 내 힘으로 할 수 없습니다. 오직 주님을 사랑하는 힘이 그것을 가능하게 합니다. 사랑하면 모든 것을 포기할 수 있습니다. 사랑의 포로가 되는 것은 쉽습니다. 십대여, 주님을 사랑하기에 주님을 위해 인생을 드리는 삶을 살아가십시오. 세례 요한처럼……

쌓아두는 재미로 산다구요?

어떤 마을에 구두쇠가 살고 있었습니다. 그는 정원 나무 밑에 황금을 파묻었습니다. 구두쇠는 일주일에 한 번씩 그 나무 밑에 가서 황금을 꺼내어 몇 시간이고 바라보는 것이 유일한 낙이었습니다.

그런데 어느 날 나무 밑에 가보니 황금이 없어졌습니다.

도둑이 훔쳐 간 것이었습니다. 구두쇠는 울부짖으면서 소리를 질렀습니다.

그 소리를 듣고 이웃 사람들이 달려 왔습니다.

구두쇠의 전후 이야기를 듣고 난 어떤 사람이 말했습니다.

"이 황금을 조금이라도 사용했는가?"

"아뇨."

구두쇠는 말했습니다.

"저는요, 매주 와서 한 번씩 꺼내 흐뭇하게 바라보기만 했습니다."

이 말을 듣고 있던 그 사람이 말했습니다.

"그렇다면 말일세……. 금을 가지고 한 것이 아무것도 없으니 예전처럼 똑같이 와서 빈 구멍을 그냥 바라보기만 하면 되겠네. 안 그런가?"

스데반 06

그들이 돌로 스데반을 치니 스데반이 **부르짖어**

이르되 주 예수여 내 **영혼**을 받으시옵소서 하고

— 사도행전 7:59

마음을 여는 &대화

사람이 무엇을 생각하고 마음에 품느냐에 따라 그 행동이 달라집니다. 우리 안에 있는 그것이 나를 결정합니다. 생각은 행동을 낳고 행동은 삶을 바꿉니다.

● 요즈음 하루를 살아갈 때 마음속에 늘 생각하면서 놓치지 않는 것은 무엇입니까?

_____

_____

● 나의 인생에서 가장 중요하다고 생각하는 것은 무엇입니까?

_____

_____

● 사람을 대하면서 중요하게 생각하는 것은 무엇입니까?

_____

_____

_____

● 꼭 이루어졌으면 하는 소원이 있다면 무엇입니까?

_____

_____

말씀이야기 나누기

사도행전 7:46-60을 읽고 서로 이야기를 나누어 보십시오.

① 스데반이 무리들 앞에서 담대히 설교한 마지막 부분의 내용은 무엇입니까?(46-53)

_____

_____

_____

_____

② 사람들은 스데반이 전한 말을 듣고 어떻게 했습니까?(54)

_____

_____

_____

_____

③ 스데반이 성령 충만할 때 어떤 모습이 되었습니까?(55-56)

_____

_____

_____

_____

4 스데반이 하늘의 모습을 본다고 말하자 사람들이 뭐라고 했습니까?
이때 같이한 사람을 말해 보십시오. (57-59)

_____

_____

_____

5 돌에 맞아 죽어가는 스데반의 마지막 모습을 그려 보십시오. (59-60)

_____

_____

_____

_____

그들이 돌로 스데반을 치니 스데반이 부르짖어 이르되

주 예수여 내 영혼을 받으시옵소서 하고

생각을 깊게 하는 대화

1_ 하나님의 말씀을 듣는 사람들은 두 가지 반응을 나타냈습니다. 순종하는 사람과 거부하는 사람이 그것입니다. 왜 이런 현상이 일어났습니까? 아울러 하나님의 말씀을 순종하는 사람에게는 어떤 일이 일어납니까?(참고, 행 2:37-40; 요 8:44, 47)

_____

_____

_____

2_ 성령 충만은 성령의 지배를 받는 것입니다. 성령의 충만함을 받은 사람에게 나타나는 현상과 모습을 말해 보십시오. 왜 성령 충만함을 받아야 하는지 그 이유도 말해 보십시오.(참고, 엡 5:18-21)

_____

_____

_____

3_ 스데반이 죽어가면서 원수를 위해 용서의 기도를 하는 것은 예수님의 모습과 같습니다. 이런 모습을 지닐 수 있었던 힘은 어디서 나온다고 봅니까?(참고, 눅 23:34)

_____

_____

_____

생활 속에서 실천하기

1_ 나는 하나님의 말씀을 들을 때 어떤 반응을 나타냅니까?(설교와 성경 공부, 성경 읽을 때)

_____

_____

_____

_____

2_ 나의 친구들과 이웃이 나를 핍박하고 힘들게 할 때 나는 어떻게 합니까? 어떤 경우에 가장 참기 힘듭니까?

_____

_____

_____

_____

3_ 성령의 충만을 받으면 모든 것을 이길 수 있습니다. 성령 충만을 받기 위해 내가 해야 할 일은 무엇입니까?

_____

_____

_____

_____

성령 충만을 받으면?

그리스도인은 성령의 사람들입니다. 예수를 믿는 순간 우리 안에 성령이 임재하십니다. 중요한 것은 우리 안에 계시는 성령이 나를 지배하고 계시는가 하는 것입니다. 성령이 내 안에 들어와 계셔도 그분의 지배력이 약하면 여전히 인간의 모습이 드러나고 나 중심이 됩니다. 사람들이 내가 예수 믿는 줄 잘모르는 것은 바로 이런 상황이 내 안에서 일어나기 때문입니다. 우리는 점차 성령의 생각을 하고 주님의 마음을 닮아가야 합니다. 내가 사는 것이 아닌 성령이 내 안에서 사는 삶을 살아가야 합니다. 주님의 마음과 생각으로 전환된다는 것이 쉽지 않습니다. 이렇게 하기 위해서는 내 생각과 마음을 주님께 순종해야 합니다. 순종하는 만큼 성령의 충만함이 일어납니다. 50% 순종하면 50% 성령 충만함이 일어나고 100% 순종하면 100% 성령 충만함이 일어납니다. 성령 충만하면 우리는 세상을 두려워 않고 죽음도 무서워하지 않게 됩니다. 스데반이 돌에 맞아 죽으면서도 얼굴이 천사처럼 평안했던 것은 성령의 충만함을 입었기 때문입니다.

오늘 십대들은 성령의 충만함을 입는 법을 배워야 합니다. 이것이 우리의 소원이 되어야 합니다. 그렇게 되면 지혜와 세상을 살아가는 분별력과 아름다운 마음이 생깁니다. 성령의 9가지 열매의 모습이 우리 속에 열매로 맺게 될 것입니다. 말씀과 기도를 통하여 주님의 생각으로 점차 바꾸어지는 그날을 꿈꾸어 봅니다. 이것이 세상에서 성공하는 최고의 비결입니다.

깨달음

"나의 실패에 책임질 사람은 나 자신 외에는 아무도 없다.
나 자신이 바로 가장 큰 적이요 비참한 운명의 원인이다."

이 말은 당시 유럽을 호통했던 그 유명한 프랑스 황제 나폴레옹이 세인트 헬레나
섬에 유배되었을 때 자기에게 내던진 말입니다.

이런 사실을 빨리 깨닫는다면 얼마나 좋을까요.
그런데 의외로 많은 사람들이 그렇지 못한 것 같습니다.
인생을 다 산 후에 후회를 하면서 눈물을 흘리는 사람들이 많이 있습니다.

베드로

천사가 이르되 띠를 띠고 신을 신으라 하거늘 베드로가
그대로 하니 천사가 또 이르되 겉옷을 입고 따라오라
— 사도행전 12:8

마음을 여는 &대화

3.1운동이 일어난 뒤 일제는 배후 인물들을 체포하고 구속했습니다. 그때 월남 이상재 선생도 있었습니다. 선생은 이미 정치적인 일로 1902년 옥중 생활을 하던 중 신앙을 갖고 성경을 탐독한 신앙인이었습니다. 민족정신 이 투철하고 신앙심이 깊었던 이상재 선생은 일본 경찰의 고문과 핍박이 두렵지 않았습니다. 고문하던 경찰이 "누가 3.1운동을 시켰나?" 하고 물 었습니다. 이때 이상재 선생은 말했습니다.

"하나님이 시켰소."

"본부를 대라. 본부는 어디 있느냐?"

"하늘나라에 있소이다."

● 그동안 나는 교회와 이웃과 조국을 위해 어려움을 당한 경우가 있었습 니까?

_____

_____

_____

● 위인들은 한결같이 자기를 위하지 않고 이웃과 교회와 나라를 위해 목 숨을 버렸습니다. 그 이유는 어디에 있다고 생각합니까?

_____

_____

_____

말씀이야기 나누기

사도행전 12:1-19을 읽고 서로 이야기를 나누어 보십시오.

1 헤롯 왕이 저지른 잘못은 무엇입니까?(1-2)

_____

_____

_____

_____

2 이 일을 보고 유대인들이 기뻐하면서 누구를 잡았습니까? 그리고 그
들의 계획은 무엇입니까?(3-5)

_____

_____

_____

_____

_____

3 갇힌 베드로를 위해 교회가 한 일은 무엇입니까?(5)

_____

_____

_____

_____

4 옥에 갇힌 베드로는 어떻게 구출되었습니까?(6-11)

_____

_____

_____

_____

5 베드로가 모여 기도하는 마리아의 집에 가서 성도들을 만나는 과정
을 말해 보십시오.(12-17)

_____

_____

_____

_____

6 헤롯은 베드로가 도망한 줄 알고 어떻게 했습니까?(18-19)

_____

_____

_____

_____

천사가 이르되 띠를 띠고 신을 신으라 하거늘 베드로가 그대로 하니

천사가 또 이르되 겉옷을 입고 따라오라

생각을 깊게 하는 대화

1_ 야고보는 순교하고 베드로는 옥에 갇혔습니다. 자칫하면 베드로도 죽을 뻔했는데 천사가 극적으로 구출했습니다. 하나님은 왜 야고보는 죽게 허락하고 베드로는 살렸습니까?

_____

_____

_____

2_ 베드로의 구출을 위해서 기도하던 성도들은 베드로가 구출되어 집에 돌아오자 처음에는 믿지 않았습니다. 왜 그랬습니까?(참고, 약 1:5-8)

_____

_____

_____

3_ 제자들은 복음을 위해 순교하며 어려움을 당했습니다. 주님의 길을 가는 제자들이 동일하게 왜 이런 어려움을 당하게 되는지 말해 보십시오. 주님의 길을 고난 없이 쉽게 가는 일은 없습니까?(참고, 요 1:5, 21:18-23; 딤후 3:12)

_____

_____

_____

생활 속에서 실천하기

1_ 나는 복음을 위해 어떤 어려움을 당하고 있습니까? 자원하는 고난입니까, 억지로 하는 고난입니까?

_____

_____

_____

_____

2_ 어떤 어려움과 고난이 삶 속에 온다 할지라도 하나님이 나와 함께함을 믿고 산다면 걱정 없습니다. 이런 믿음을 갖기 위해서 내가 해야 할 일을 말해 보십시오.

_____

_____

_____

_____

3_ 무엇이든지 희생 없이 이루어진 것은 없습니다. 나에게 주신 십자가는 무엇입니까?

_____

_____

_____

고난 속에 피어나는 꽃

떠돌이 땜장이의 아들로 태어나 빈민 농촌에서 자란 아이가 있었습니다. 아이는 열심히 책을 읽으며 꿈을 키워 존 밀턴과 함께 영국에서 가장 위대한 작가라는 칭송을 받았습니다. 그가 바로 《천로역정》을 쓴 존 번연입니다. 그는 인생이 꽃 필 33세 때 종교 재판을 받고 투옥돼 12년간 수감 생활을 했습니다. 그러나 그 고통의 기간이 가장 빛나는 문학을 이룬 시간이 되었습니다. 《천로역정》은 바로 이때 쓰인 책입니다. 그는 후에 이렇게 말했습니다. "그렇게 찾아 다녔던 보물을 고통의 감옥 안에서 찾을 수 있었다."

인생에 닥치는 고난은 위대함을 발견하는 기회가 됩니다. 우리는 눈에 보이는 것만 생각하다 보니 보이지 않는 소중한 것을 놓치고 살아갑니다. 중요한 것은 보이는 것이 아닌 보이지 않는 것입니다. 고난 속에 숨겨진 은혜의 비밀을 안다면 우리는 고난 가운데서도 힘을 낼 수 있고 적극적으로 주님의 고난에 동참하게 됩니다.

베드로와 야고보는 복음을 전하는 사람이었습니다. 그러나 그 복음 때문에 야고보는 순교했고 베드로는 감옥에 갇혔습니다. 그리고 죽을 날을 기다리고 있던 차에 하나님의 도움으로 감옥을 탈출하게 됩니다. 아직도 살아서 해야 할 일이 있었기 때문입니다. 사명이 있는 한 죽지 않습니다. 그 사명은 언제나 핍박과 고난 속에서 피어납니다. 고난을 당하면 당할수록 더욱 강해지는 복음의 열정이 사도들이 가졌던 힘입니다. 십대여! 복음의 열정으로 어떤 어려움도 이겨내는 강한 힘을 소유하도록 합시다. 그것을 훈련하는 젊은 시기가 되어야 합니다.

● 잠깐 쉼터

한 사람의 용기

스코틀랜드가 낳은 용감한 위인 한 사람을 들라면 존 녹스를 말할 수 있습니다. 그는 잘못된 일을 보고 가만히 있지 못하고 일어나서 진실을 외쳤던 당대의 개혁자입니다. 당시의 왕인 메리 여왕을 찾아가서 여왕을 꾸짖는 것을 예사로 했습니다. 누구도 나서지 못했던 일을 평민 목사인 그가 했다는 것은 대단한 일입니다. 거짓이 판을 치는 암담한 시대 속에서 그는 동지들을 격려하며 용기를 북돋워주었습니다. 그는 이런 말을 했습니다.

"우리의 주장이 진실이니 반드시 이겨야 하고 또 이기고 말 것이다. 온 세계의 힘으로도 꺾지 못할 것이다. 진실은 신이 만든 것이며, 그것만이 무적이다. 아무리 많은 '색칠한 나무 조각' 이 진실인 체하여도 그것은 경배는커녕 강에 던지기에 알맞다."

바울 08

그러므로 내가 **그리스도**를 위하여 약한 것들과 능욕

과 궁핍과 박해와 곤고를 기뻐하노니 이는 내가 약한 그때에

강함이라

— 고린도후서 12:10

마음을 여는 &대화

이스라엘에 내려오는 예루살렘 성전 건축에 관한 전설입니다. 솔로몬 왕 때 유명한 건축가와 석공들이 모여 예루살렘 성전 건축을 의논했습니다. 그리고 많은 석재들을 외국에서 수입했습니다. 그 석재 중 '쓸모없는 것처럼 보이는 돌 한 개'가 기드론 골짜기에 버려졌습니다. 그 후 성전이 완공되어 머릿돌을 만들 단계에서 석공 한 사람이 버린 돌을 기억하여 골짜기에서 그 돌을 찾았더니 성전 머릿돌에 꼭 맞았습니다. 건축자들의 버린 그 돌이 모퉁이의 머릿돌이 된(벧전 2:7) 예는 많습니다.

● 나에게 버려지고 약한 것이 나에게 유익하게 된 예가 있으면 말해 보십시오.

_____

_____

● 하나님은 강한 것보다는 오히려 약한 것들을 사용하십니다. 왜 그렇다고 봅니까?

_____

_____

● 왜 사람들은 약하고 작고 초라한 것을 쉽게 버리고 무시합니까?

66

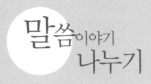

말씀이야기
나누기

고린도후서 12:1-10을 읽고 서로 이야기를 나누어 보십시오.

1 바울이 교훈하기 위하여 어쩔 수 없이 말한 환상과 계시의 체험은 무엇입니까?(1-4)

_____

_____

_____

2 바울은 자신의 이런 체험을 자랑하지 않고 무엇을 자랑한다고 말합니까?(5)

_____

_____

_____

3 왜 바울은 자기가 경험한 큰 계시를 자랑하지 않았습니까?(6)

_____

_____

_____

④ 바울에게 있는 어려움은 무엇이었습니까? 이것을 위해 바울은 어떤
노력을 했습니까?(7-8)

_____

_____

_____

_____

⑤ 바울에게 주신 하나님의 응답은 무엇입니까?(9-10)

_____

_____

_____

_____

그러므로 내가 그리스도를 위하여 약한 것들과 능욕과 궁핍과 박해와 곤고를

기뻐하노니 이는 내가 약한 그때에 강함이라

생각을 깊게 하는
대화

1_ 바울은 누구보다도 큰 체험을 했습니다. 그럼에도 바울은 이것을 자랑하지 않고 자기 이름을 숨기며 무명(이런 사람)으로 말합니다. 그 이유는 무엇입니까? 우리가 자기 자랑을 하면 다른 사람에게 어떤 결과가 옵니까?

_____

_____

_____

2_ 왜 하나님은 바울에게 사단의 가시를 주어서 바울을 괴롭게 했습니까? 이것을 거두어 가지 않고 바울에게 그대로 남게 한 이유는 무엇입니까?

_____

_____

_____

3_ "약할 그때가 곧 강함이라"는 바울의 고백의 의미를 정리해 보십시오. 왜 신앙은 강함보다 약함을 더 강조합니까?

_____

_____

_____

생활 속에서 실천하기

1_ 나는 다른 사람에게 어떤 자랑을 합니까? 나의 자랑이 다른 사람에게 상처를 준 적은 없었습니까?

_____

_____

_____

_____

2_ 나의 약함은 무엇입니까? 이 약점을 강점으로 만들 수 있는 길을 말해 보십시오.

_____

_____

_____

_____

3_ 그동안 내가 살면서 약할 때가 곧 강함인 것을 경험한 실제 예가 있으면 말해 보십시오.

_____

_____

_____

약한 것을 자랑할 때

직장에서 해고당한 사람이 있었습니다. 절망하여 집에 돌아가 아내에게 이야기했을 때 아내는 반색을 하며 말했습니다.

"드디어 당신이 문학을 본격적으로 할 수 있는 기회가 왔군요. 해고당한 일이 얼마나 좋은 기회인지 알기나 하세요?"

아내는 남편을 격려한 뒤 돈을 꺼내 놓았습니다.

"이럴 때를 대비해 당신 봉급에서 따로 마련해둔 돈이에요. 당신이 명작을 쓸 동안 이 돈으로 살아요."

나다나엘 호손의 명작 《주홍 글씨》는 이렇게 해서 탄생했습니다.

세상의 위대함은 모두 약함에서 만들어졌습니다. 약함이 없는 위대함은 없습니다. 약함을 제거하면 그 성공은 실패로 전락하고 맙니다. 그것은 본래 강함의 시작이 약함이기 때문입니다. 바울은 위대한 사역자입니다. 기적의 사람이요 대단한 복음 전도자였습니다. 그렇게 강한 사람이었지만 그는 늘 약함을 소중하게 여겼습니다. 약함을 가진 사람은 겸손합니다. 약함을 사랑하는 사람은 하나님을 늘 의지합니다. 약함을 부끄럽게 생각지 않고 자랑하는 사람은 늘 하나님을 자랑하게 됩니다. 이것이 약함이 주는 유익입니다. 강하게 만드는 것은 언제나 약함입니다. 그 약함의 의미를 잊지 말고 그것을 통하여 더욱더 주님을 의지하는 사람이 된다면 우리도 바울처럼 놀라운 일을 할 수 있습니다. 하나님은 강한 자를 사용하시는 것이 아니라 약한 자를 들어 사용하십니다.

십대여! 약한 것 때문에 고민하지 말고 하나님을 더욱 의지하여 위대한 사람이 되도록 하십시오. 오히려 그것이 나에게 강한 것이 됩니다.

칭찬

"네가 너를 칭찬하지 말고
남이 너를 칭찬하게 하여라.
칭찬은 남이 해주는 것이지
자기의 입으로 하는 것이 아니다."

자기 스스로를 칭찬하는 사람들에게
솔로몬 왕이 깨달은 이치를 잠언을 통해서 전해준 것입니다.

남이 나를 칭찬해주지 않으면 스스로 나서서 자기를 칭찬해야
직성이 풀리는 것이 모든 인간의 보편적인 속성이 아닐지요.
정말 어리석은 일인 줄 알면서도
좀처럼 이것이 잘 안 되는 이유는 무엇일까요?
우리들이 늘 고민하는 과제 중에 하나가 아닌지요.

디모데 09

이는 네 속에 거짓이 없는 믿음이 있음을 생각함이라

이 믿음은 먼저 네 외조모 로이스와 네 어머니 유니게 속에 있

더니 네 속에도 있는 줄을 확신하노라

— 디모데후서 1:5

마음을 여는 &대화

다음의 글을 읽고 답해 보십시오.

페스탈로치는 전쟁 후 고아들의 교육에 헌신한 스위스의 위대한 교육자였습니다. 특히 그는 어려운 가운데 아내와 함께 성경을 애독하며 인생을 가꾸었습니다. 1815년 그가 아내를 잃었을 때 그는 관 위에 성경을 놓고 이렇게 말했습니다.

"우리 두 사람은 성경에 의한 사랑을 체험했고 오랜 세월 동안 고난과 싸웠습니다. 극심한 가난 속에서 마른 빵을 먹어야 할 때도 하나님의 뜻에 거스르지 않으려고 애썼습니다. 그 하나님의 가르침에 의해 우리 두 사람은 헤어졌습니다. 그러나 성경의 정신으로 함께 있습니다."

● 성경이 사람에게 미치는 영향력을 말해 보십시오.

_____

_____

_____

● 성경으로 승부하여 성공한 영향력 있는 위인들을 열거해 보십시오.

_____

_____

_____

말씀이야기 나누기

디모데후서 1:1-14을 읽고 서로 이야기를 나누어 보십시오.

1 바울과 디모데는 어떤 사이입니까?(1-2)

_____

_____

_____

_____

2 바울이 디모데를 보면서 감사하게 생각하는 것은 무엇입니까?(3-5)

_____

_____

_____

_____

3 바울은 디모데에게 무엇을 권면하고 있습니까?(6-7)

_____

_____

_____

_____

④ 하나님이 디모데를 부르신 목적은 무엇입니까?(9-10)

_____

_____

_____

⑤ 복음을 받은 디모데와 바울이 가슴에 품어야 할 것은 무엇입니까?(11-12)

_____

_____

_____

⑥ 바울이 디모데에게 간절히 부탁하고 있는 것이 무엇인지 말해 보십시오.(13-14)

_____

_____

_____

이는 네 속에 거짓이 없는 믿음이 있음을 생각함이라 이 믿음은 먼저 네 외조모 로이스와 네 어머니 유니게 속에 있더니 네 속에도 있는 줄을 확신하노

생각을 깊게 하는 대화

1_ 디모데는 바울의 영적 아들로 바울의 수제자와 같은 사람입니다. 디모데만이 가진 믿음을 전체적으로 정리해 보십시오. 이것이 우리에게 주는 교훈은 무엇입니까?

_____

_____

_____

2_ 디모데와 같이 복음을 위하여 살아가는 크리스천 십대가 되기 위해서 마음에 품고 기억해야 할 사명을 말해 보십시오.

_____

_____

_____

3_ 세상을 살아가면서 두려운 마음이 생기며 자꾸 연약해지는 이유는 무엇입니까? 아울러 고난을 믿음으로 잘 감당하지 못하는 이유는 무엇입니까?

_____

_____

_____

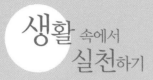

생활 속에서 실천하기

1_ 나는 가정에서 어떤 믿음의 훈련을 받고 자랐는지 서로 이야기해 보십시오.

_____

_____

_____

_____

2_ 나의 믿음에 영향력을 주는 좋은 스승과 선배가 있으면 말해보고, 그들에게 받은 영향력은 무엇인지 나눠보십시오.

_____

_____

_____

_____

3_ 나는 복음과 함께 고난당하기를 얼마나 소원하고 있습니까? 그것을 위해 어떤 준비를 하고 있습니까?

_____

_____

_____

함께 읽으면서
decide together
결단하기

성경을 붙잡고 살라

17세기에 대각성 운동을 일으킨 조나단 에드워즈라는 세계적인 신학자가 있습니다. 그는 어릴 때부터 목사인 아버지에게 늘 이런 교육을 받았습니다. "하나님을 경외하고 이웃을 사랑하라." 그는 이런 가르침에 따라 후손들에게도 같은 가르침을 전했습니다.

이 경건한 가정의 후손들을 살펴보니, 14명의 학장과 1백 명의 목사, 신학자와 1백 명의 법관, 판사와 60명의 의사가 배출되었고, 이들은 사회에 크게 헌신했습니다. 또한 70명의 작가, 저술가가 있었으며 언론인, 출판인으로도 업적을 남겼습니다. 그들 모두가 하나님을 경외하고 이웃을 사랑하라는 가르침을 배우고 실천했습니다.

가문의 위대함은 성경으로 만듭니다. 사람이 사람을 만들기는 어렵습니다. 사람이 사람을 만드는 것은 한계가 있습니다. 인간은 죄인이기 때문입니다. 사람을 온전하게 만드는 것은 오직 성경입니다. 진리인 성경만이 사람을 진실되게 만듭니다. 정말 가정을 위대하게 만들고 싶으면 성경을 중심에 자리 잡게 해야 합니다. 디모데는 어릴 때부터 외조모 로이스와 어머니 유니게로부터 성경을 배웠습니다. 성경으로 무장한 디모데는 후에 바울의 뒤를 이어 훌륭한 사역자가 되었습니다.

나는 얼마나 성경을 사랑하고 성경을 전하는 사람으로서의 비전을 가지고 있습니까? 최고의 일은 성경의 진리를 전하며 그대로 사는 일입니다. 세상 어느 일보다 이 일은 귀하고 가치가 있습니다. 세상의 어떤 일도 진리인 성경의 뜻을 드러내기 위해서 존재합니다. 십대여! 비전이 있습니까? 진리인 성경을 드러내기 위해 살아갑니까, 아니면 나의 생각과 사상을 구현하기 위해 살아갑니까? 위대한 사람이 되고 싶습니까? 그러면 성경을 붙잡으십시오.

● 잠깐 쉼터

언어에도 색깔이 있습니다

알고 있나요?
눈에 보이지 않는 언어도
사실은 아름다운 꽃처럼
그 색깔과 자기의 향기를 지니고 있다는 것을…….
당신은 어떤 색깔의 언어입니까?
당신은 어떤 향기를 풍기는 언어입니까?

사도 요한 10

네가 **본 것은** 내 오른손의 일곱 별의 비밀과
또 일곱 금 촛대라 일곱 별은 일곱 교회의 사자요 일곱 촛대는
일곱 **교회**니라

— 요한계시록 1:20

마음을 여는
&대화

다음의 글을 읽고 답해 보십시오.

독일 출신의 위대한 작곡가 헨델은 초기에 왕을 위한 곡을 썼습니다. 지금
도 많은 사람들이 즐겨 듣는 〈수상곡〉이 그 중 하나입니다. 그러나 그에게
최고의 영감을 준 곡은 이 세상을 초월한 가장 위대한 왕 '메시아'를 찬양
한 〈메시아〉였습니다. 불후의 명곡 〈메시아〉 중 '할렐루야'는 그에게 있
어 영감의 극치였습니다. 그는 '할렐루야'를 작곡했던 당시의 감격스러운
상황에 대해 이렇게 고백했습니다.
"내 앞에 펼쳐져 있는 하늘나라와 위대하신 하나님의 영광을 본 듯한 감격
속에서 이 곡이 만들어졌습니다."

● 위의 글을 읽고 내가 느낀 점과 나에게 온 영감은 무엇입니까? 서로 나
누어 보십시오.

_____

_____

_____

● 하나님이 우리 가정과 교회와 나의 일을 통해 주신 환상이나 비전이 있
으면 말해 보십시오.

_____

_____

_____

말씀이야기 나누기

요한계시록 1:9-20을 읽고 서로 이야기를 나누어 보십시오.

1 요한은 무엇 때문에 밧모섬에 유배를 당했습니까?(9)

_____

_____

_____

_____

2 요한이 밧모섬에서 들은 하나님의 음성은 무엇입니까?(10-11)

_____

_____

_____

_____

3 그 음성을 알아보려고 몸을 돌이키다가 본 환상은 무엇입니까?(12-16)

_____

_____

_____

_____

4 요한은 환상을 본 후에 그 발 앞에 엎드려 죽은 자같이 되었습니다. 이때 주님은 오른손을 요한에게 얹고 말씀하셨습니다. 요한에게 무엇을 말씀하셨습니까?(17-19)

_____

_____

_____

_____

5 요한이 다시 본 환상은 무엇입니까?(20)

_____

_____

_____

_____

네가 본 것은 내 오른손의 일곱 별의 비밀과 또 일곱 금 촛대라 일곱 별은 일곱 교회의 사자요 일곱 촛대는 일곱 교회니라

생각을 깊게 하는 대화

1_ 요한은 복음 때문에 밧모섬에 갇혀 고난을 당하는 어려움을 당했습니다. 그러나 그곳에서 하나님은 그에게 요한계시록을 쓰도록 했습니다. 우리가 세상에 살면서 복음 때문에 고난을 당하는데 그 이유에 대해서 말해 보십시오.(참고, 시 119:71)

_____

_____

2_ 하나님이 요한에게 보여준 일곱 교회와 환상들은 당시 고난당하는 소아시아의 일곱 교회들입니다. 요한계시록은 그런 교회와 성도들에게 위로와 소망을 주기 위해서 기록되었습니다. 어려운 상황에서 우리가 말씀을 통하여 어떻게 위로와 소망을 얻을 수 있는지 예를 들어서 말해 보십시오.(참고, 계 3:6, 13, 22)

_____

_____

3_ 요한계시록은 천국의 이야기들이 기록되어 있습니다. 아직 가보지 않은 천국의 모습이 상징과 환상을 통하여 우리에게 계시되고 있습니다. 요한을 통해 기록하게 한 요한계시록이 우리에게 주는 유익을 말해 보십시오.

_____

_____

생활 속에서 실천하기

1_ 나도 요한처럼 하나님의 일을 꿈이나 환상으로 받거나 또는 마음의 상상으로 그려본 적이 있습니까?

_____

_____

_____

_____

2_ 밧모섬에 유배당한 요한처럼 현재 나에게 힘든 일이 있습니까? 있다면 그것을 어떻게 이기면서 살아갈 수 있는지 그 방안을 말해 보십시오.

_____

_____

_____

_____

3_ 나도 요한과 같은 소망과 위로를 주는 사람으로서 살아가기 위해 하고 싶은 일 하나를 말해보고 함께 결단의 기도를 드려 보십시오.

_____

_____

_____

_____

다가올 천국의 모습을 그리면서

인생의 마지막이 올수록 우리는 인생을 어떻게 사는 것이 의미 있는가를 생각하게 됩니다. 인생의 황혼기에 인생에 대해 생각하기보다 젊은 십대의 시기에 한다면 앞으로 더욱 의미 있고 알찬 삶을 살 수 있을 것입니다. 이미 인생의 반절은 성공한 것이나 마찬가지입니다. 십대의 시기에 성경을 공부하면서 이런 답을 찾아가는 것은 행복한 일입니다. 이것은 어떤 학교 공부보다 소중하고 가치 있는 일입니다. 성경을 공부하는 시간은 인생을 공부하는 시간입니다.

정신없이 살던 젊은이가 쉰 살이 넘어서 '어떻게 사는 것이 참된 인생인가?'를 깊이 고뇌하던 중에 기독교 진리를 받아들였고 남은 생을 농민들과 함께 보내기로 결심했습니다. 이 사람이 러시아 문학가인 레오 톨스토이입니다. 톨스토이는 자기의 인생을 회고하면서 이렇게 말했습니다. "믿음이 내게 들어온 후에 그리스도의 말씀이 영원한 진리임을 알았다. 나의 모든 삶은 변화되었다. 이전에 바라던 것을 바라지 않게 되었으며 바라지 않던 것을 바라게 되었다. 또한 선으로 보였던 것이 악으로, 악으로 보였던 것이 선으로 보였다."

주님을 만난 사람은 인생이 변화됩니다. 십대에 주님을 만난다는 것은 정말 행복한 일입니다. 십대여! 하나님이 주신 미래의 비전을 꿈꾸고 어려움 속에서도 포기하지 말고 인생을 끝까지 도전해 나가면 틀림없이 성공의 날이 올 것입니다. 주님이 오시는 그날까지 가봐야 압니다. 그전에는 아무도 모릅니다. 누가 성공했는지, 실패했는지를……

저자 이대희 목사

장로회신학대학교 신학대학원(M.Div)과 연세대학교 연합신학대학원(Th. M)을 졸업하고 예장총회교육부 연구원과 서울장신대학교 신학과 교수를 역임했다. 서울극동방송국에서 '초신자성경공부'를 인도했으며, 지난 20여 년 동안 성서사람 · 성서교회 · 성서한국 · 성서나라의 네 가지 모토를 갖고 한국적 성경연구 사역을 위해 힘쓰고 있다. 현재 바이블미션 대표이자 '꿈을주는교회' 담임목사로 사역 중이며, 서울장신대학교 겸임교수(성경연구)로 재직하고 있다.

저서로『30분성경공부』『투데이성경공부』『아름다운 십대 성경공부』『이야기대화식 성경연구』『그리스도인이 꼭 알아야 할 신앙생활 100문 100답』『심방설교 이렇게 준비하라』『하나님에 관한 질문 83가지』『꿈을 키우는 10대 크리스천을 위한 52가지』『예수님은 어떻게 교육하셨을까』『1%의 가능성을 희망으로 바꾼 사람들』등 90여 권이 있다.

성령의 사람

초판 1쇄 인쇄일 | 2007년 1월 20일
초판 2쇄 발행일 | 2012년 10월 19일

지은이 | 이대희
펴낸이 | 김학룡
펴낸곳 | 엔크리스토
마케팅 | 임월규, 이동석
관리부 | 이진규, 박지현, 박혜영, 이상석, 김동인

출판등록 | 2004년 12월 8일
주   소 | 경기도 고양시 일산동구 장항동 585-2
전   화 | (031) 906-9191
팩   스 | 0505-365-9191
이메일 | 9191@korea.com
공급처 | 기독교출판유통

ISBN 978-89-92027-22-9 04230
      89-89437-58-X(세트)

값 3,000원

● 잘못된 책은 바꾸어 드립니다.
● 이 교재의 사용 방법, 내용, 훈련, 세미나에 대한 문의는 바이블미션(02-403-0196)으로 해주시면 최선을 다해 도와드리겠습니다.